BEI GRIN MACHT SICH IHR WISSEN BEZAHLT

- Wir veröffentlichen Ihre Hausarbeit,
  Bachelor- und Masterarbeit

- Ihr eigenes eBook und Buch -
  weltweit in allen wichtigen Shops

- Verdienen Sie an jedem Verkauf

Jetzt bei www.GRIN.com hochladen und kostenlos publizieren

Bibliografische Information der Deutschen Nationalbibliothek:

Die Deutsche Bibliothek verzeichnet diese Publikation in der Deutschen National-bibliografie; detaillierte bibliografische Daten sind im Internet über http://dnb.d-nb.de/ abrufbar.

Impressum:

Copyright © 2017 GRIN Verlag
Druck und Bindung: Books on Demand GmbH, Norderstedt Germany
ISBN: 9783668699076

Dieses Buch bei GRIN:

https://www.grin.com/document/424484

Steve Uttenweiler

Die Beziehung zwischen Polen und dem Osmanischen Reich im 17. und 18. Jahrhundert

GRIN Verlag

GRIN - Your knowledge has value

Der GRIN Verlag publiziert seit 1998 wissenschaftliche Arbeiten von Studenten, Hochschullehrern und anderen Akademikern als eBook und gedrucktes Buch. Die Verlagswebsite www.grin.com ist die ideale Plattform zur Veröffentlichung von Hausarbeiten, Abschlussarbeiten, wissenschaftlichen Aufsätzen, Dissertationen und Fachbüchern.

Besuchen Sie uns im Internet:

http://www.grin.com/

http://www.facebook.com/grincom

http://www.twitter.com/grin_com

Hausarbeit im Seminar „Die ‚polnische Frage' 1700-1918" als Prüfungsleistung im Modul „Imperium und Nation in Ost- und Südosteuropa" (03-HIS-0429)

Thema:

Die Beziehungen zwischen Polen und dem Osmanischen Reich im 17. und 18. Jahrhundert

Universität Leipzig

Fakultät für Geschichte, Kunst und Orientwissenschaften

Historisches Seminar

Lehrstuhl für Geschichte Ostmitteleuropas

Sommersemester 2017

Steve Uttenweiler

Studiengang: Höheres Lehramt für

Gymnasien Biologie/Geschichte

8. Fachsemester

Inhaltsverzeichnis

1 Einleitung

Die Geschichte des Königreichs Polen ist immer wieder vom Verhältnis der Adelsrepublik zu den benachbarten Großmächten in Europa geprägt. Während die Rollen von Preußen, Russland und der Habsburgermonarchie in der polnischen Geschichte von der Literatur schon aus verschiedenen Perspektiven umfassend beschrieben wurden, wird eine wichtige Nation oftmals außer Acht gelassen, die ebenfalls einen großen Einfluss auf die Verhältnisse in Europa hatte – das Osmanische Reich. 1299 unter dem ersten Sultan Osman I. gegründet, dehnte sich das Osmanische Reich innerhalb kürzester Zeit über den kleinasiatischen und arabischen Raum aus und begann bereits nach der Eroberung von Edirne 1361 mit ersten Expansionsversuchen in Europa.[1] Die europäischen Mächte versuchten schon früh, sich dem entgegenzusetzen, unterlagen jedoch den Osmanen zunächst, wodurch sich diese rasch in Südosteuropa ausdehnten.[2] Durch die mächtige Position des Osmanischen Reiches stand es nicht nur in kriegerischem, sondern auch immer wieder in diplomatischem Kontakt mit den europäischen Nationen und die Sultane und Großwesire versuchten immer wieder, Einfluss auf die Politik im europäischen Mächtegefüge zu nehmen. Doch meist waren Kriege das gängige Mittel der osmanischen Europapolitik. Vor allem die Expansion unter Sultan Süleyman I., die in den Türkenkriegen gegen die Habsburger und der Belagerung Wiens gipfelte, ist hier von großer Bedeutung.[3] Die Osmanen sind ein *"integraler Bestandteil der europäischen Ordnung"*[4] der frühen Neuzeit und deswegen bei der Betrachtung der Epoche immer zu berücksichtigen. Und obwohl das Osmanische Reich ebenfalls zu den mächtigen Nachbarn der Adelsrepublik Polen zählte, sind die Beziehungen zwischen beiden Reichen nur oberflächlich erforscht, was wohl auch der Exotik der Materie zuzuschreiben ist (z.B. Quellen, die auf Türkisch verfasst wurden).[5] Ziel dieser Arbeit ist deshalb, aufzuzeigen, inwiefern der Einfluss der Osmanen auf Polen wirkte und wie sich das Verhältnis zwischen dem Königreich Polen und dem Osmanischen Reich über Jahrhunderte hinweg entwickelte. Hierbei möchte ich zunächst die ersten Kontakte beider Reiche im späten Mittelalter betrachten, um dann den Fokus auf die Beziehungen im 17. und 18. Jahrhundert zu legen, die durch den Zerfall Polens und den Niedergang

---

1 Vgl. FAROQHI, Suraiya: Geschichte des osmanischen Reiches, 6. Aufl., Verlag C.H. Beck, München 2015, S. 16.
2 Vgl. MATSCHKE, Klaus-Peter: Das Kreuz und der Halbmond. Die Geschichte der Türkenkriege, Artemis & Winkler Verlag, Düsseldorf 2004, S. 69.
3 Vgl. PESCHKE, Hans-Peter von: Halbmond über Ungarn. Der Siegeszug Süleymans bis vor Wien, in: G/Geschichte 6/2007, Bayard Media GmbH & Co. KG, Augsburg, S. 26 f.
4 KOŁODZIEJCYZK, Dariusz: Polen und die Osmanen im 17. Jahrhundert. In: Trawkowski, Stanislaw; Leitsch, Walter (Hrsg.): Polen und Österreich im 17. Jahrhundert, Böhlau Verlag, Köln/Wien 1999, S. 274.
5 Vgl. ebenda, S. 261.

des Osmanischen Reiches ihr Ende fanden. Der Teilfokus auf das 17. Jahrhundert kommt vor allem daher, dass sich in dieser Zeit deutlichere bzw. direkte Auseinandersetzungen begaben, aber auch, weil hier bereits die Voraussetzungen für die Prozesse und Ereignisse im 18. Jahrhundert geschaffen wurden. An einzelnen Stellen soll auch auf die generelle und innenpolitische Situation des Osmanischen Reiches und Polens eingegangen werden, sofern diese relevant sind. Da das Verhältnis zwischen Polen und Osmanen immer wieder im komplexen Netzwerk der europäischen Großmächte eingebunden war, wird in dieser Arbeit auch auf grenzübergreifende Konflikte Europas, insbesondere zwischen Osmanen und Russland bzw. Habsburg, eingegangen, um das große Ganze im Blick zu behalten, in dem Polen nur ein weiterer Faktor war. So wird sich das Kapitel zum 18. Jahrhundert vor allem mit den russischen Türkenkriegen[6] befassen, die aber einen entscheidenden Faktor für die Teilungen Polens darstellen.

Da ich weder der polnischen noch der türkischen Sprache mächtig bin, beschränkt sich meine Methodik, bis auf vereinzelte Auszüge aus deutschsprachigen Quellen, auf das Studium von deutsch- oder englischsprachiger Sekundärliteratur.

2 Entwicklung vor dem 17. Jahrhundert

Schon im Mittelalter gab es erste Auseinandersetzungen zwischen Polen und Osmanen. So waren bereits an der Schlacht von Nicopolis (1396) polnische Truppen beteiligt[7], ebenso am von Papst Eugen IV. ausgerufenen Kreuzzug gegen die Osmanen 1443/44, der in der Schlacht von Varna gipfelte, bei dem das Heer des polnischen Königs Władysław III. vernichtend geschlagen wurde.[8] Ergebnis dieser Schlacht war der, für die Osmanen ungewöhnlich lange, Waffenstillstand des Vertrags von Szeged zwischen dem Sultan Murad II. und König Władysław[9] - einer der ältesten überlieferten völkerrechtlichen Verträge des Osmanischen Reiches.[10]

Während es im Jahr 1403 noch eine indirekte gemeinsame Grenze zwischen beiden Reichen über das

---

6   Der aus heutiger Sicht oberflächlich wirkende Quellenbegriff des "Türkenkrieges" wird im Laufe der Arbeit aus
    Gründen der Übersichtlichkeit an verschiedenen Stellen verwendet, um militärische Auseinandersetzungen zwischen
    dem Osmanischen Reich und den europäischen Mächten zu beschreiben.
7   Vgl. QUATAERT, Donald: The Ottoman Empire. 1700-1922, 2. Aufl., Cambridge University Press, Cambridge 2010, S.
    20.
8   Vgl. MATSCHKE 2004, S. 149.
9   Vgl. KOŁODZIEJCYZK 1999, S. 262.
10 Vgl. hierzu https://de.wikipedia.org/wiki/Liste_von_v%C3%B6lkerrechtlichen_Vertr
    %C3%A4gen_des_Osmanischen_Reiches (letzter Zugriff: 13.10.2017).

damals unter polnischer Oberherrschaft stehende Fürstentum Moldau gab[11], grenzten die Kerngebiete von Polen und Osmanen bereits 1525 durch die von Sultan Süleyman I. eroberten Gebiete am Schwarzen Meer direkt aneinander.[12] Die gemeinsame Grenze sollte sich bis 1683 stetig vergrößern, vor allem durch die Vasallisierung Transsylvaniens und des Fürstentums Moldau.[13] Neben der aggressiven militärischen Expansion war der osmanische Sultan Süleyman I. aber auch an diplomatischen Lösungen interessiert, die seine Expansion begünstigten. 1533 schlossen der Sultan und der polnische König Zygmunt I. einen "Ewigen Frieden", der bis zum Tod eines der beiden Herrscher bestehen sollte. Ein ähnlicher Vertrag wurde drei Jahre später auch zwischen Süleyman und dem französischen König Franz I. geschlossen.[14] Polen sollte also, wie Frankreich, als diplomatische Stütze und Rückhalt der osmanischen Europapolitik dienen und nicht auf Seiten der Habsburger bei der Wiederaufnahme der Kämpfe um Ungarn eingreifen.

Im Zuge der Lubliner Union 1569 und dem Aussterben der Jagellionen-Dynastie wurde aus dem Erbkönigreich Polen eine Wahlmonarchie, in der die Adligen eine besonders einflussreiche Position inne hatten.[15] Die Sonderstellung des Adels in Polen war auch den europäischen Nachbarn klar, so heißt es in einer preußischen "Erdbeschreibung" von 1788: *"Ueberhaupt haben die polnischen Edelleute große und viele Privilegien und Vorrechte, ja die hochberühmte polnische Freiheit kommt eigentlich nur dem Adel zu.".*[16] Da der polnische Adel von nun an auch dazu legitimiert war, den nächsten polnischen König zu wählen, versuchte das Osmanische Reich, wie auch die anderen Großmächte in Europa, so viel Einfluss wie möglich auf die Königswahl zu nehmen. *"Bereits in der zweiten Hälfte des 16. Jahrhunderts zeigten die osmanischen Sultane ein besonderes Interesse an der Besetzung des polnischen Königsthrons"* [17] - stets darauf bedacht, zu verhindern, dass ein Habsburger auf dem polnischen Thron sitzt. So mischten sie sich mit Kriegsandrohungen, Besetzungen von polnischen Gebieten oder Bestechungen der Adligen immer wieder in die Innenpolitik des Landes ein.[18] Dadurch ist es auch sicher *„kein Zufall, daß beide osmanischen Feldzüge gegen Polen […] in der*

---

11 Vgl. POGONOWSKI, Iwo Cyprian: Poland. A historical atlas, überarb. Aufl., Hippocrene Books, New York 1988, S. 83.
12 Vgl. ebenda, S. 98.
13 Vgl. ebenda, S. 130.
14 Vgl. KOŁODZIEJCYZK 1999, S. 263.
15 Vgl. HEYDE, Jürgen: Geschichte Polens, 4. Aufl., Verlag C.H. Beck, München 2017, S. 32.
16 BÜSCHING, Anton Friedrich: Erdbeschreibung. Zweyter Theil, welcher Ost- und West-Preußen, Polen und Litauen, Galizien und Lodomerien, Ungarn, die denselben einverleibten Reiche und Siebenbürgen, die Republik Ragusa und das osmanische Reich, enthält, Hamburg 1788, S. 123.
17 FAROQHI 2015, S. 67.
18 Vgl. KOŁODZIEJCYZK 1999, S. 263.

Regierungszeit prohabsburgischer Herrscher in Warschau stattfanden. ".[19] Denn während Polen zuvor nur Teil von europäischen Koalitionen zur Abwehr gegen die „Türkengefahr" war, sollte es im Laufe des 17. Jahrhunderts zu direkten militärischen Auseinandersetzungen zwischen den beiden Staaten kommen.

3 Polen und Osmanen im 17. Jahrhundert

Seit 1595 kam es vermehrt zu direkten Konflikten zwischen Polen und Osmanen. Gründe hierfür waren u.a. die Einmischung polnischer Magnaten in die Thronstreitigkeiten im Fürstentum Moldau, sowie die Raubzüge der Dnjeprkosaken und Krimtataren.[20] Die Grenzgebiete zwischen Polen und dem Osmanenstaat waren nur dünn von den Tataren und Kosaken besiedelt, die einander immer wieder bekämpften und dabei auch in Gebiete der osmanischen Einflusssphäre drangen.[21] Zum ersten militärischen Konflikt zwischen den beiden Staaten kam es dann im Jahr 1620, im ersten polnisch-osmanischen Krieg. Der Krieg wurde durch Kosakenüberfälle auf die Küstengebiete des Schwarzen Meeres und die bereits erwähnte Rivalität der Herrscher in der Moldau provoziert.[22] Zudem sandte der polnische König Zygmunt III. in 1618 seine Kavallerieregimenter zur Unterstützung seines Schwagers Kaiser Ferdinand III. gegen Gabriel Bethlen, den Fürsten von Siebenbürgen, der wiederum unter dem Schutz der Osmanen stand. Dadurch kämpften polnische Truppen gegen osmanische und waren ein entscheidender Faktor bei der Niederlage Bethlens.[23] Nach der ersten direkten Niederlage des polnischen Heeres gegen die Osmanen bei der Schlacht von Cecora im September 1620 wurden die polnischen Adligen dazu angestachelt, die finanziellen Mittel zur Aufstellung eines größeren Heeres zu bewilligen, um die Osmanen zurückzuschlagen.[24] Bei der Schlacht von Chocim, direkt an der Grenze zum Osmanischen Reich, wurde das vereinte polnische und kosakische Heer von einer dreimal so großen türkischen Armee umschlossen, konnte sich jedoch erfolgreich zur Wehr setzen. In den Folgejahren wurde die Schlacht in zahlreichen epischen Dichtungen Polens als Triumph über die übermütigen Türken gefeiert.[25] Nachdem keine der beiden Parteien die Oberhand gewinnen konnte,

19 KOŁODZIEJCYZK 1999, S. 271.
20 Vgl. HOENSCH, Jörg K.: Geschichte Polens, 3. Aufl., Ulmer Verlag, Stuttgart 1998, S. 139.
21 Vgl. FAROQHI 2015, S. 67.
22 Vgl. KOŁODZIEJCYZK 1999, S. 264.
23 Vgl. DAVIES, Norman: God's playground. A History of Poland, Vol. I: The origins to 1795, überarb. Aufl., Oxford University Press, Oxford 2005, S. 347.
24 Vgl. HOENSCH 1998, S. 139.
25 Vgl. ebenda, S. 347 f.

einigte man sich im Vertrag von Chocim 1621 auf einen Waffenstillstand. Unter anderem verbat dieser Vertrag ausdrücklich, dass in Polen Söldner für einen Krieg gegen die Osmanen angeworben werden.[26] Die kriegerischen Verwicklungen von König Zygmunt III. gegen die Osmanen, aber auch gegen Schweden und Moskau, hinderten ihn daran, den Habsburgern im Dreißigjährigen Krieg beizustehen.[27] Ebenso war das Osmanische Reich durch die Verwicklungen mit Polen und parallel stattfindende, immer wieder aufflammende Konflikte mit dem Iran zu sehr an anderer Front eingespannt, um sich in den europäischen Großkonflikt einzumischen.[28] Zudem sah sich das Osmanische Reich im Laufe des 17. Jahrhunderts mit großen internen Umstrukturierungen und inneren Konflikten konfrontiert. Durch eine Vergrößerung des stehenden Heeres und die Anwerbung von zusätzlichen Söldnern stand das Reich immer wieder vor einer Finanzkrise.[29] An der Spitze des Reiches gab es durch die Einführung der Senioratsthronfolge einen ständigen Krieg unter den Kindern des verstorbenen Sultans um die alleinige Herrschaft, was beinahe das Ende der Osman-Dynastie mit sich gebracht hätte.[30] Die regierenden Sultane waren darüber hinaus äußerst schwache Herrscher, denn *„junge, unreife, schwache, unselbständige, z.T. psychisch kranke Persönlichkeiten auf dem Thron waren von ihrer Umgebung abhängig und für Beeinflussung und Manipulation offen.“*[31] Die Macht des Sultans schwand zunehmend und die der Eliten des Reiches wuchs dadurch an. *„In the seventeenth century actual control rested only rarely in the hands of the monarch who, overall, reigned but did not rule.“*[32] - die tatsächliche Regierung ging seit der Amtszeit von Köprülü Mehmed Pascha immer mehr von den Großwesiren aus. Köprülü galt gemeinhin als *„unbestechlicher Greis mit eiserner Hand“*[33], der zahlreiche Vollmachten vom Sultan erhielt, um den osmanischen Staat zu reformieren. Dabei bemühte er sich bis zu seinem Tod um eine gute Beziehung zu Polen, ähnlich wie sein großes Vorbild Sultan Süleyman I. (siehe Kap. 2). So wurde den Polen nach einem Hilfegesuch 1656 militärische Unterstützung gegen Györgi II. Rákóczi, den Fürsten von Siebenbürgen, zugesichert – auch wenn durch einen raschen Erfolg der polnischen Truppen dieses Versprechen hinfällig war.[34] Erst unter den Nachfolgern Köprülüs kam es zu erneuten Konflikten mit Polen. Der zweite polnisch-osmanische

---

26 Vgl. KOŁODZIEJCYZK 1999, S. 265.
27 Vgl. HOENSCH 1998, S. 140.
28 Vgl. KÖHBACH, Markus: Warum beteiligte sich das Osmanische Reich nicht am Dreißigjährigen Krieg? In: Trawkoski, Stanislaw; Leitsch, Walter (Hrsg.): Polen und Österreich im 17. Jahrhundert, Böhlau Verlag, Köln/Wien 1999, S. 289.
29 Vgl. ebenda, S. 279.
30 Vgl. ebenda, S. 285.
31 Ebenda, S. 287.
32 QUATAERT 2010, S. 34.
33 KOŁODZIEJCYZK 1999, S. 270.
34 Vgl. ebenda, S. 269 f.

Krieg wurde wieder maßgeblich von den Kosaken provoziert. Schon 1649 schloss der Kosakenhetman Chmielnecki nach vermehrten Überfällen über polnische Gebiete ein Abkommen mit König Johann II. Kasimir. Durch dieses wurden ihm 40.000 Mann polnische Truppen zugesprochen, sowie eine jährliche Tributzahlung an die Krimtataren. Ausgehend davon versuchte Chmielnecki, sich zu einem souveränen Fürsten zu erheben und schloss dazu 1651 ein Bündnis mit dem Osmanischen Reich. Doch auch mit politischem Rückhalt des Sultans scheiterte Chmielnecki daran, weitere polnische Gebiete unter seine Kontrolle zu bekommen.[35] Nach der Niederlage des Hetmans wurde im Vertrag von Perejaslaw 1654 beschlossen, dass die Kosaken nicht länger das Osmanische Reich als Schutzmacht anzusehen haben, sondern das Russische Zarenreich, was wiederum einen Konflikt zwischen Russland und Polen mit sich zog.[36]

In 1668 spitzte sich die Situation um die Kosaken schließlich zu, als der Hetman der Kosaken, Doroschenko, die Ukraine unter sich vereinte. Doroschenko sagte sich von der polnischen Oberhoheit los und unterstellte sich dem osmanischen Sultan, der ihn dafür mit Lehen versah.[37] Dieses Bündnis mit den Kosaken lag im Interesse des Sultans, der sich durch den 1667 geschlossenen Vertrag von Andrussowo zwischen Polen und Russland bedroht sah, da dieser beide Parteien zur Unterstützung gegen das Osmanische Reich verpflichtete. Die Kosaken Doroschenkos dienten also für Mehmed IV. als Schutzmacht am Schwarzen Meer.[38] Das Vorgehen der Polen gegen die Kosaken war daraufhin der Anlass für die Kriegserklärung des Sultans gegen Polen im Jahr 1672.[39] Die polnischen Truppen unterlagen den Osmanen haushoch und schon im selben Jahr wurde der Frieden von Buscacz geschlossen, in dem Polen Podolien an die Osmanen abtreten, sowie die osmanische Oberhoheit über die Ukraine anerkennen und einen Tribut entrichten musste.[40] Podolien galt als eine der wirtschaftlich wichtigsten Regionen des polnischen Königreichs. Bei Büsching heißt es auch 1788 noch: *"In Podolien wächset das Gras so hoch, daß man manchmal kaum die Hörner der Ochsen, welche darinn gehen, erblicken kann. Die Fruchtbarkeit des Landes und den Ueberfluß der Lebensmittel, kann man auch daraus erkennen, wenn man bedenket, daß von 1701 bis 1718 beständig unterschiedliche Kriegsheere in Polen gewesen sind, und daß dennoch es niemals an Brodt gefehlet hat."*[41]

---

35 Vgl. FUHRMANN, Rainer W.: Polen. Abriß der Geschichte, überarb. und erg. Neuausg., Fackelträger-Verlag, Hannover 1990, S. 54 f.
36 Vgl. ebenda, S. 56.
37 Vgl. ebenda, S. 59.
38 Vgl. KOŁODZIEJCYZK 1999, S. 271.
39 Vgl. FUHRMANN 1991, S. 59.
40 Vgl. SCHMIDT-RÖSLER, Andrea: Polen. Vom Mittelalter bis zur Gegenwart, 1. Aufl., Pustet Verlag, Regensburg 1996, S. 45.
41 BÜSCHING 1788, S. 117.

Durch diese Eroberungen hatte das Osmanische Reich seine größte historische Ausdehnung erreicht.[42] Der polnische *Sejm* jedoch lehnte das Friedenstraktat ab und bewilligte den Aufbau eines größeren Heeres unter der Führung von Jan Sobieski, der die Türken wieder zurückschlug.[43] Auch wenn es ihm nicht gelang, die Osmanen vollständig zurückzuschlagen, so erlangte Sobieski durch seine militärischen Erfolge ein so großes Ansehen beim Adel, dass ihn dieser 1674 zum neuen König wählt.[44] Doroschenko hingegen war bereits 1676 der osmanischen Oberhoheit überdrüssig und trat seine vom Sultan verliehenen Ämter an den Hetman der unter russischer Schirmherrschaft stehenden Kosaken der Ost-Ukraine ab, wodurch sich zwischen 1678 und 1681 Russland und das Osmanische Reich um das Kosakenland bekämpften.[45]

Als König schloss Jan III. Sobieski am 31. März 1683 ein Bündnis mit Kaiser Leopold I. von Habsburg, durch das sich beide Herrscher gegenseitige Unterstützung bei einem Angriff der Osmanen zusicherten. Dieser Bündnisfall sollte bereits im Juni eintreten, als die Osmanen Wien belagerten. In der Schlacht am Kahlen Berg am 12. September 1683 führte Jan III. Sobieski als Oberbefehlshaber die vereinten Truppen Polens und Habsburgs zum Sieg gegen die Osmanen.[46] Nach der gescheiterten Belagerung Wiens, für die der befehlshabende Großwesir Kara Mustafa Pascha mit dem Tode bestraft wurde[47], begann die Zurückdrängung der Osmanen durch die europäischen Herrscher, die die Türken nun als wesentlich geringere Gefahr betrachteten. Polen bildete 1684 mit dem Heiligen Stuhl, Österreich und Venedig die „Heilige Liga", die unter anderem auf Drängen des Papstes Innozenz XI. zustande kam, um alle Muslime aus Europa zu vertreiben.[48] Die Heilige Liga begann 1684 bereits damit, Ungarn zurückzuerobern. Sobieski scheiterte parallel jedoch dabei, Podolien und das Fürstentum Moldau zurückzugewinnen – wahrscheinlich, weil seine Macht durch die Beschlussunfähigkeit des polnischen Reichstages durch das *Liberum veto,* also das Vetorecht jedes einzelnen Adligen, zu sehr gehemmt war.[49] Die Osmanen schlugen die Polen zurück und drangen unter anderem tiefer in die Ukraine und 1695 sogar bis nach Lemberg.[50] Währenddessen eroberten die Truppen der Habsburger Ungarn, die Venezianer den Balkan und Russland, die der Liga 1686 beigetreten sind, Gebiete am

---

42 Vgl. FAROQHI 2015, S. 61.
43 Vgl. FUHRMANN 1991, S. 59.
44 Vgl. SCHMIDT-RÖSLER 1996, S. 46.
45 Vgl. MATUZ, Josef: Das Osmanische Reich. Grundlinien seiner Geschichte, 3. Aufl., Wissenschaftliche Buchgesellschaft, Darmstadt 1994, S. 184.
46 Vgl. SCHMIDT-RÖSLER 1996, S. 46.
47 Vgl. MATUZ 1994, S. 185.
48 Vgl. MATSCHKE 2004, S. 374.
49 Vgl. MEYER, Enno: Grundzüge der Geschichte Polens, 3. Aufl., Wissenschaftliche Buchgesellschaft, Darmstadt 1990, S. 47.
50 Vgl. FUHRMANN 1991, S. 60.

Schwarzen Meer. Das Osmanische Reich konnte sich kaum gegen die Angriffe an vier Fronten zur Wehr setzen und Sultan Mehmed IV. wurde als Verantwortlicher von seinem Bruder Süleyman II. gestürzt.[51] Durch den am 26.1.1699 geschlossenen Frieden von Karlowitz erhielt der Kaiser ganz Ungarn und große Teile von Siebenbürgen, Venedig erhält Peleponnes und große Teile Dalmatiens und Polen die verlorenen Gebiete in Podolien und der Ukraine.[52]

Durch die erfolglose Teilnahme Polens ging die Adelsrepublik vergleichsweise schwach aus dem Krieg hervor. Insgesamt brachten die Kriege der Heiligen Liga eine *„extreme Schwächung der Adelsrepublik"*[53] mit sich, während Habsburg und Russland die großen Gewinner waren. Davies (2005) schreibt dazu: *"From 1686, the Muscovites were fighting the Turks to some real purpose; the Poles were fighting for nothing. The eventual recovery of Podolia at the Treaty of Karlowitz in 1699 was small compensation. By that same treaty, an enlarged Russia and a resurgent Austria emerged as major powers; Prussia was poised to declare itself a Kingdom. [...] The Republic of Poland-Lithuania and the Ottoman Empire were clearly recognizable as the two invalids of Europe."*[54] Während Österreich und Russland also als erstarkte Großmächte aus den Kriegen hervorgingen, war Polens Stellung durch ebenjene Machtgewinne stark geschwächt. Mit der Niederlage am Kahlen Berg beginnt darüber hinaus ein „langes Jahrhundert" der Niederlagen für das Osmanische Reich, das erst mit dem Verlust Ägyptens an Frankreich unter Heerführung Napoleon Bonapartes 1798 sein Ende findet.[55]

Im Laufe des Krieges wurde nach dem Tod Sobieskis 1696 der Wettiner August der Starke von Sachsen zum neuen König Polens gewählt. August war zuvor kaiserlicher Oberbefehlshaber in Ungarn und wurde anschließend von Eugen von Savoyen in dieser Position abgelöst, welcher die Osmanen erfolgreich weiter zurückdrängte.[56] Mit der Thronbesteigung Augusts II. beginnt die folgenreiche „Sachsenzeit" in der Adelsrepublik.

---

51 Vgl. MATUZ 1994, S. 185.
52 Vgl. MATSCHKE 2004, S. 378.
53 KOŁODZIEJCYZK 1999, S. 273.
54 DAVIES 2005, S. 367.
55 Vgl. QUATAERT 2010, S. 34
56 Vgl. MATSCHKE 2004, S. 376 f.

4 Die Türkenkriege zur "Sachsenzeit"

Die "Sachsenzeit" gilt als *"eines der dunkelsten Kapitel der polnischen Geschichte"*[57] und war geprägt von politischem Stillstand innerhalb der Adelsrepublik, militärischen Verluste im Zweiten Nordischen und im Siebenjährigen Krieg, sowie dem steten Machtzuwachs der benachbarten Großmächte.[58] Jene Großmächte standen auch anstelle von Polen im Laufe des 18. Jahrhunderts in weiteren militärischen Konflikten mit dem Osmanischen Reich. Der erste große Türkenkrieg des 18. Jahrhunderts fand in den 30er-Jahren statt und ging diesmal von Russland aus. Zuvor suchte Friedrich II. August von Sachsen, Sohn des Königs August II., die Unterstützung Russlands und Österreichs bei seinem Streben nach dem polnischen Thron. Als 1733 Stanisław Leszczynski zum neuen polnischen König ausgerufen wurde, rückten russische Truppen nach Polen vor und erzwangen eine erneute Wahl, aus der Friedrich August als König hervorging. Dies führte zum Polnischen Thronfolgekrieg, der die Adelsrepublik im Inneren weiter schädigte.[59] Schon während dieses Thronfolgekriegs traf Zarin Anna die Vorbereitungen für einen weiteren Türkenkrieg und schloss dazu sogar ein Bündnis mit dem Khan von Persien.[60] 1736 wurde von Österreich und Russland ein neuer Türkenkrieg ausgerufen. Auch August III. wurde als König von Sachsen und Polen dazu berufen, Unterstützung zu leisten, denn *"die ganze Christenheit sei durch den Seig der Türken bedroht"* [61]. Dabei stützten sich Zarin Anna und Kaiser Karl VI. auf die vorhergegangene Unterstützung des polnischen Königs im Zuge seiner Wahl. Die christlichen Herrscher sollten sich allesamt am Krieg gegen die Osmanen beteiligen. So hieß es auch in einer Wiener Schrift von 1737: *"Die Gefahr gieng Rußland nicht allein an. Sie bedrohte zugleich alle Christlichen Machten, deren Staaten von dem weiten Ottomannischen Reich nicht entfernt sind. Wenn die Anhänger des Omer und des Aly sich wieder die Christlichen Potentaten, ihre Nachbarn, vereinigen, was werden sie von einer so formidablen Macht nicht zu befürchten haben? Und wie sehr wird die Unterdruckung dererjenigen nicht zunehmen, die bereits unter dem Joch seuftzen?"*[62]

---

57 HOENSCH 1998, S. 155.
58 Vgl. ebenda, S. 155 f.
59 Vgl. PETROFF, Bobi: Die Politik Friedrich Augusts II. von Sachsen, Königs von Polen, während des Türkenkrieges 1736-39. Inaugural-Dissertation zur Erlangung der Doktorwürde, Leipzig 1902, S. 8 f.
60 Vgl. ebenda, S. 10.
61 Ebenda, S. 13.
62 GHELEN, Johann Peter von (Hrsg.): Ursachen des bevorstehenden Türcken-Krieges, Wien 1737, S. 7.

Insbesondere Russland ersuchte die Unterstützung des polnischen Königs und berief sich dabei sogar auf den Allianzvertrag von 1686, durch den Russland dereinst der Heiligen Liga beigetreten war (siehe oben), da dieser Vertrag beide Seiten zur gegenseitigen Hilfe gegen die Osmanen verpflichtete.[63] August III. jedoch verweigerte zunächst seine Unterstützung, da er vorher seine Erbschaftsansprüche auf die Jülichschen Ländereien beim Kaiser durchbringen wollte. Erst, als in dieser Hinsicht keine einfache diplomatische Lösung absehbar war, sah sich August gezwungen, dem Kaiser und der Zarin dennoch zu helfen.[64] Allerdings nahm nur die königliche Armee aus Sachsen auf Seiten von König August III. an dem Krieg teil – nicht das Königreich Polen selbst. Stattdessen sollte Polen als neutraler Ort für Verhandlungen dienen. Als diese 1737 scheiterten, wurde das Land jedoch Schauplatz von Plünderungen und Verwüstungen durch ständiges Einmarschieren russischer Truppen und wiederholte Auseinandersetzungen zwischen russischen Truppen und den Tataren in den Grenzregionen.[65] Die ständigen Bemühungen Augusts um Frieden mit allen Nachbarn, um seine eigene Stellung im europäischen Mächtespiel zu wahren, schadeten der Adelsrepublik zunehmend. Durch die in den Augen der Zeitgenossen schwache Politik des Königs rotteten sich immer mehr Leute zusammen, die Konföderationen gegen den König bildeten und wendeten sich dazu sogar an den osmanischen Sultan, wenn auch ohne Erfolg.[66]

Der zu dieser Zeit regierende Sultan Mahmut I. (1730-1754) schuf während seiner Herrschaft einen kulturellen Aufschwung im noch immer von den Niederlagen der vorherigen Jahrzehnte geschwächten Osmanischen Reich. Vor allem die Literatur gewann an Bedeutung dazu und es gab einen immer größeren Bedarf an Büchern. Dieser wurde nicht nur durch Papierimporte aus Polen, sondern auch durch die Errichtung der ersten osmanischen Papierfabrik gedeckt, die von polnischen Papiermachern betrieben wurde.[67] Dennoch ist die Macht des Sultans insgesamt auch in dieser Zeit noch stark eingeschränkt. Im Laufe des 18. Jahrhunderts trat der Sultan immer mehr Privilegien und Vollmachten an seine Beamten ab, so dass die Macht des Staatsoberhauptes irgendwann nur noch von symbolischer Natur war.[68] Die Sultane selbst versuchten zwar im Laufe des 18. Jahrhunderts immer wieder, ihre Kontrolle über den Staat zu vergrößern, allerdings gab es auch zunehmend Eliten im Reich, die ihre

---

63 Vgl. PETROFF 1902, S. 30.
64 Vgl. ebenda, S. 19.
65 Vgl. ebenda, S. 32 f.
66 Vgl. ebenda, S. 48.
67 Vgl. SHAW, Stanford Jay, SHAW, Ezel Kural: History of the Ottoman Empire and Modern Turkey, 1. Aufl., Cambridge University Press, Cambridge 1995, S. 242.
68 Vgl. QUATAERT 2010, S. 42 f.

Macht ausweiten wollten, vor allem innerhalb des Militärs.[69] Während sich also zur gleichen Zeit die Macht in den absolutistischen Monarchien Europas immer mehr zentralisierte und um den Herrscher herum konzentrierte, entwickelte sich das Osmanische Reich stattdessen eher zu einer dezentralisierten, inoffiziellen Oligarchie. Die Bedeutung der Sultane und deren Kontrolle über Militär und Staat schwanden weiterhin bis zum 19. Jahrhundert.[70] Interessant ist hierbei, dass es eine gewisse Parallele zum Königreich Polen gibt, wo die Stellung des Königs ebenfalls vermehrt der Macht der Eliten und der Adligen untergeordnet war. Büsching schildert in seiner "Erdbeschreibung" die Situation folgendermaßen: *"Polen und das mit demselben vereinigte Großherzogthum Litauen, machen eine solche Republik aus, in welcher der König zwar als das Haupt angesehen wird, der Reichsrath, nebst dem übrigen Adel, aber das meiste zu sagen hat."* [71] Insbesondere zur "Sachsenzeit" beginnt die innere Stabilität in Polen, langsam zu zerfallen. Ein Prozess, der im späteren Verlauf des 18. Jahrhunderts eine immer tragendere Rolle spielt.

5 Russische Türkenkriege und Teilungen Polens

Unter Zarin Katharina II. (1762-1796) erreichte die Einflussnahme Russlands auf die Herrschaft in Polen ihren Höhepunkt. Nach dem Tod Augusts III. 1763 endete die Herrschaft der Wettiner in Polen und somit auch die "Sachsenzeit". Darauf folgten ein weiteres Mal Streitigkeiten um die Thronfolge in der Adelsrepublik. Am 7. September 1764 wurde Stanisław II. August Poniatowski zum neuen König in Polen gewählt. Poniatowski hatte enge Beziehungen nach Russland und galt als früherer Geliebter der jungen Zarin.[72] Dementsprechend wurde der Ablauf der Wahl wesentlich von russischen Bestechungsgeldern gelenkt und durch die Stationierung von rund 20.000 Mann russischer Truppen in Warschau sichergestellt.[73] Bei der Wahl des beim polnischen Adel eher niedrig angesehenen Poniatowskis verfolgte Katharina II. offensichtlich, einen schwachen König in Polen zu haben, der auf russische Unterstützung angewiesen ist.[74] Daher ist es nicht verwunderlich, dass das Osmanische Reich

---

69 Vgl. ebenda, S. 44 f.
70 Vgl. ebenda, S. 34.
71 BÜSCHING 1788, S. 142.
72 Vgl. ALEXANDER, Manfred: Kleine Geschichte Polens, Reclam Verlag, Stuttgart 2003, S. 155.
73 Vgl. SCHMIDT-RÖSLER 1996, S. 53.
74 Vgl. ZERNACK, Klaus (Hrsg.): Handbuch der Geschichte Rußlands. Band 2: Vom Randstaat zur Hegemonialmacht, 8. Aufl. Hiersemann Verlag, Stuttgart 1988/2001, S. 579 (Halbband II).

diese Wahl ablehnte. Sultan Mustafa III. stellte sich gegen die Wahl Poniatowskis, da er darin eine umso größere Bedrohung durch Russland sah und warf der Zarin eine Verletzung der polnischen Souveränität vor. Ein osmanisches Ultimatum, nach dem die russischen Truppen unverzüglich aus Polen abziehen sollten, wurde vom Zarenreich ignoriert.[75] Mit der polnischen Königswahl wurde also die Grundlage eines weiteren Krieges zwischen Russland und Osmanischem Reich gelegt, der jedoch erst einige Jahre später ausbrechen sollte.

Der endgültige Auslöser des zweiten russischen Türkenkriegs im 18. Jahrhundert sollte ebenfalls in Polen begründet liegen. Seit 1718 wurden nichtkatholische Dissidenten von den polnischen Reichstagen ausgeschlossen. Die Dissidenten erhielten dadurch zunehmend Unterstützung von Preußen (fürdie Protestanten) und insbesondere von Russland (für die Orthodoxen).[76] Zudem war der Reformeifer des neuen polnischen Königs der konservativ eingestellten Zarin zu groß. Sie nutzte die Lage der orthodoxen Dissidenten, um Widerstand gegen Poniatowski zu schüren, der schließlich zur Unterzeichnung eines "Ewigen Vertrages" zwischen Polen und Russland am 24. Februar 1768 führte. Dieser sicherte dem Adel weiterhin seine Kardinalsrechte, wie z.B. das *Liberum veto*, zu.[77] Wenig später wurde außerdem ein Toleranztraktat gegenüber den orthodoxen Dissidenten unter dem Druck russischer Truppen in Polen unterzeichnet. Dieses Traktat stieß aber wiederum auf Widerstand beim katholischen Adel Polens und einige fanatische Katholiken schlossen sich zur sogenannten "Konföderation von Bar" zusammen, die sich gegen den russischen Einfluss zur Wehr setzte.[78] Die Konföderation erhielt Unterstützung von den Osmanen und besetzte Gebiete in Podolien und Wolhynien.[79] Auf der Flucht vor russischen Truppen wurden die Anhänger der Konföderation jedoch immer weiter in den Süden der Adelsrepublik gedrängt, bis sie schließlich die Grenzen zum Osmanischen Reich überquerten. Die russischen Verfolger überfielen daraufhin das krimtatarische Grenzgebiet und drangen ebenfalls in osmanische Territorien, was Sultan Mustafa III. schließlich als Anlass für eine Kriegserklärung an Russland sah.[80]

---

75 Vgl. ebenda, S. 584.
76 Vgl. FUHRMANN 1991, S. 69.
77 Vgl. ALEXANDER 2003, S. 155 f.
78 Vgl. FUHRMANN 1991, S. 70.
79 Vgl. ALEXANDER 2003, S. 156.
80 Vgl. MATUZ 1994, S. 201.

Die russische Zarin sah sich nun sowohl mit einem Krieg gegen das Osmanische Reich konfrontiert, als auch mit Bürgerkriegs-ähnlichen Zuständen in Polen.[81] Da die russischen Truppen aus Polen abgezogen wurden, um gegen die Osmanen zu kämpfen, fällt es Katharina immer schwerer, parallel auch die Konflikte in Polen zu klären. Die Konföderierten erkämpften sich weitere Gebiete in Polen, wie z.b. Krakau und erklärten den polnischen König Stanisław Poniatowski für abgesetzt, der selbst darauf verzichtete, auf Seiten von Russland in den Türkenkrieg zu ziehen.[82] Durch die Verwicklung Russlands in mehrere militärische Konflikte war eine Kooperation mit Preußen und Österreich *"in der Perspektive der Aufteilung Polens"* [83] für die Zarin immer notwendiger. 1769 wurde vom preußischen Grafen Rochus Lynar der "Lynarsche Plan" entworfen, der ein Bündnis von Russland, Österreich und Preußen gegen die Osmanen vorsah, in dem die Verbündeten Russland durch polnische Territorien entschädigt werden sollten.[84] Mit der Unterstützung durch Österreich und Preußen konnte Russland das Osmanische Reich schnell bezwingen. Die osmanischen Vasallenstaaten Moldau und die Walachei wurden von Russland erobert.[85] Außerdem reiste eine russische Flotte einmal um den europäischen Kontinent und durch die Straße von Gibraltar bis ins östliche Mittelmeer, um die dort stationierte Flotte der Osmanen zu zerschlagen.[86] Durch den Frieden von Küçük Kaynarca 1774 wurde der Krieg beendet. Russland erhielt die Gebiete östlich des Dnjepr und weitere Ländereien am Schwarzen Meer.[87] Die politische und militärische Vormachtposition des Osmanischen Reichs am Schwarzen Meer war stark geschwächt, während die russische umso stärker wurde.[88] Durch die klare Oberhand im Türkenkrieg konnte ein Teil der russischen Truppen wieder nach Polen geschickt werden, um dort die Konföderation von Bar zu zerschlagen. Die Truppen Katharinas drangen daraufhin weiter in Polen ein, genauso wie österreichische und preußische Truppen. So kam es noch während des Krieges mit den Osmanen 1772 zur ersten Teilung Polens.[89] Diese Teilung stand dabei immer im Nachklang des Türkenkrieges. Da Russland durch den Krieg großen Territorial- und somit auch Machtzuwachs erfuhr, bemühte sich die Zarin um eine Entschärfung des Machtkonflikts mit Österreich und Preußen, die durch die Teilungen Polens eine gewisse Kompensation für die russischen Eroberungen erhalten sollten.[90]

---

81 Vgl. ALEXANDER 2003, S. 156.
82 Vgl. SCHMIDT-RÖSLER 1996, S. 55.
83 ZERNACK 2001, S. 588.
84 Vgl. ebenda, S. 591.
85 Vgl. MEYER 1990, S. 52.
86 Vgl. MATUZ 1994, S. 201.
87 Vgl. QUATAERT 2010, S. 40.
88 Vgl. ZERNACK 2001, S. 598 f.
89 Vgl. SCHMIDT-RÖSLER 1996, S. 56.
90 Vgl. ebenda.

Der Frieden in Südosteuropa war allerdings nur vorübergehend. 1788 brach ein erneuter Krieg zwischen Russland und dem Osmanischen Reich aus. Angesichts dieses neuen Konflikts ging man in Polen zunächst davon aus, dass es im Laufe des Krieges zur Revision der ersten Teilung kommen wird.[91] Diesmal stellte sich jedoch Preußen auf die Seite der Osmanen und somit gegen die anderen beiden Teilungsmächte Österreich und Russland, da ein weiterer Machtzuwachs der konkurrierenden Mächte durch Eroberungen am Balkan befürchtet wurde.[92] Diese Streitigkeiten der Teilungsmächte untereinander ließ den Blick der Herrscher von den Geschehnissen in Polen abschweifen. Während des Krieges wurde in Polen der "Vierjährige Reichstag" einberufen, der eine Verfassung für die Adelsrepublik erarbeitete, die am 3. Mai 1791 verabschiedet wurde.[93] Als der Frieden von Jassy am 6. Januar 1792 den dritten russischen Türkenkrieg des 18. Jahrhunderts beendete, wendete sich Zarin Katharina II. sofort der *"französischen Pest"*[94] in Polen zu. Sie gründete die "Konföderation von Targowica", bestehend aus Gegnern der Reformen in Polen, und zwang den polnischen König Stanisław Poniatowski unter militärischem Druck zur Abdankung.[95] Die russischen und später auch die preußischen Truppen besetzten immer weitere Gebiete Polens, die schließlich in der zweiten und dritten Teilung Polens auf Russland, Österreich und Polen aufgeteilt wurden. Somit war das Königreich Polen ab 1795 endgültig aufgelöst.[96]

---

91 Vgl. MÜLLER, Michael G.: Die Teilungen Polens. 1772, 1793, 1795, Beck Verlag, München 1984, S. 43.
92 Vgl. MEYER 1990, S. 54.
93 Vgl. ALEXANDER 2003, S. 158.
94 MEYER 1990, S. 55.
95 Vgl. ALEXANDER 2003, S. 158.
96 Vgl. MEYER 1990, S. 55.

6 Fazit

Die Beziehungen zwischen Polen und dem Osmanischen Reich hatten über Jahrhunderte hinweg einen großen Einfluss auf die historische Entwicklung beider Staaten, aber auch auf die gesamte Geschichte Osteuropas. Das spannungsreiche Verhältnis war immer wieder Katalysator für militärische und politische Konflikte – sowohl innerhalb der jeweiligen Staaten, als auch zwischen den Nationen. Am Ende jedoch stehen beide Reiche als Verlierer im europäischen Mächtespiel da. Das Königreich Polen existiert nach der dritten Teilung Polens nicht mehr; das Osmanische Reich zerfällt im Laufe des 19. Jahrhunderts immer weiter durch die Unabhängigkeitsbewegungen der Balkanvölker.[97] Man kann also tatsächlich so weit gehen, Polen und die Osmanen als *"the two invalids of Europe"* [98] im 18. Jahrhundert zu bezeichnen. Weitere Entwicklungen im Südosteuropa des 19. Jahrhunderts hingegen standen noch lang im Zeichen der polnischen Teilungen und des russisch-osmanischen Friedens, mit dem diese Teilungen eng verknüpft sind.[99] Natürlich spielen auf beiden Seiten noch wesentlich mehr Faktoren in die Zerfallsprozesse hinein, als die Beziehungen zueinander oder die Konflikte mit Russland bzw. Habsburg. Dennoch verwundert es nicht, dass, mit Blick auf die Teilungen Polens, viele polnische Zeitgenossen die Meinung vertraten, *"es wäre besser gewesen, den Osmanen bei der Eroberung Wiens zu helfen, als es zu verteidigen"*.[100] Denn mit dem Sieg der Polen über die Osmanen 1683 begann ebenjene Entwicklung in Südosteuropa, die auf lange Sicht schließlich zum Untergang der beiden Reiche führte. Doch nicht nur auf politischer Ebene waren Polen und Osmanen stets miteinander verflochten – auch auf kultureller Ebene prägten sich die Völker gegenseitig. So waren zur Zeit des Sarmatismus in Polen orientalische Gewänder und Rüstungen sehr beliebt. Zudem zeugen zahlreiche Turzismen in der polnischen Sprache bis heute vom kulturellen Einfluss der Osmanen.[101] Mein Literaturstudium zeigte abermals, dass das komplexe Verhältnis zwischen Polen und Osmanen bislang nur vereinzelt betrachtet wurde – so gibt es kaum Arbeiten, die die Thematik in all ihrer Vielschichtigkeit und historischen Tragweite umfassend analysieren. Nicht zuletzt deshalb hoffe ich, mit dieser Arbeit einen kleinen Schritt in Richtung einer Überblicksanalyse der Beziehungen zwischen Polen und dem Osmanischen Reich geleistet zu haben.

97 Vgl. QUATAERT 2010, S. 55.
98 DAVIES 2005, S. 367.
99 Vgl. ZERNACK 2001, S. 598 f.
100 KOŁODZIEJCYZK 1999, S. 274.
101 Vgl. ebenda, S. 276.

7 Literatur

7.1 Quellen

- BÜSCHING, Anton Friedrich: Erdbeschreibung. Zweyter Theil, welcher Ost- und West-Preußen, Polen und Litauen, Galizien und Lodomerien, Ungarn, die denselben einverleibten Reiche und Siebenbürgen, die Republik Ragusa und das osmanische Reich, enthält, Hamburg 1788

- GHELEN, Johann Peter von (Hrsg.): Ursachen des bevorstehenden Türcken-Krieges, Wien 173

7.2 Sekundärliteratur

- ALEXANDER, Manfred: Kleine Geschichte Polens, Reclam Verlag, Stuttgart 2003

- DAVIES, Norman: God's playground. A History of Poland, Vol. I: The origins to 1795, überarb. Aufl., Oxford University Press, Oxford 2005

- FAROQHI, Suraiya: Geschichte des osmanischen Reiches, 6. Aufl., Verlag C.H. Beck, München 2015

- FUHRMANN, Rainer W.: Polen. Abriß der Geschichte, überarb. und erg. Neuausg., Fackelträger-Verlag, Hannover 1990

- HEYDE, Jürgen: Geschichte Polens, 4. Aufl., Verlag C.H. Beck, München 2017

- HOENSCH, Jörg K.: Geschichte Polens, 3. Aufl., Ulmer Verlag, Stuttgart 1998

- KÖHBACH, Markus: Warum beteiligte sich das Osmanische Reich nicht am Dreißigjährigen Krieg? In: Trawkoski, Stanislaw; Leitsch, Walter (Hrsg.): Polen und Österreich im 17. Jahrhundert, Böhlau Verlag, Köln/Wien 1999, S. 277-294

- KOŁODZIEJCYZK, Dariusz: Polen und die Osmanen im 17. Jahrhundert. In: Trawkowski, Stanislaw; Leitsch, Walter (Hrsg.): Polen und Österreich im 17. Jahrhundert, Böhlau Verlag, Köln/Wien 1999, S. 261-276

- MATSCHKE, Klaus-Peter: Das Kreuz und der Halbmond. Die Geschichte der Türkenkriege, Artemis & Winkler Verlag, Düsseldorf 2004

- MATUZ, Josef: Das Osmanische Reich. Grundlinien seiner Geschichte, 3. Aufl., Wissenschaftliche Buchgesellschaft, Darmstadt 1994

- MEYER, Enno: Grundzüge der Geschichte Polens, 3. Aufl., Wissenschaftliche Buchgesellschaft, Darmstadt 1990

- MÜLLER, Michael G.: Die Teilungen Polens. 1772, 1793, 1795, Beck Verlag, München 1984

- PESCHKE, Hans-Peter von: Halbmond über Ungarn. Der Siegeszug Süleymans bis vor Wien, in: G/Geschichte 6/2007, Bayard Media GmbH & Co. KG, Augsburg 2007, S. 26-27

- PETROFF, Bobi: Die Politik Friedrich Augusts II. von Sachsen, Königs von Polen, während des Türkenkrieges 1736-39. Inaugural-Dissertation zur Erlangung der Doktorwürde, Leipzig 1902

- POGONOWSKI, Iwo Cyprian: Poland. A historical atlas, überarb. Aufl., Hippocrene Books, New York 1988 [Kartenmaterial]

- QUATAERT, Donald: The Ottoman Empire. 1700-1922, 2. Aufl., Cambridge University Press, Cambridge 2010

- SCHMIDT-RÖSLER, Andrea: Polen. Vom Mittelalter bis zur Gegenwart, 1. Aufl., Pustet Verlag, Regensburg 1996

- SHAW, Stanford Jay, SHAW, Ezel Kural: History of the Ottoman Empire and Modern Turkey, 1. Aufl., Cambridge University Press, Cambridge 1995

- ZERNACK, Klaus (Hrsg.): Handbuch der Geschichte Rußlands. Band 2: Vom Randstaat zur Hegemonialmacht, 8. Aufl. Hiersemann Verlag, Stuttgart 1988/2001